Alphabet

Imprimerie de Gustave GRATIOT, 11, rue de la Monnaie.

ALPHABET

DES

ARTS ET MÉTIERS

CONTENANT LA DESCRIPTION DES ARTS

De l'Armurier, du Boulanger, du Chapelier, du Distillateur, de l'Ébéniste, de l'Horloger, de l'Imprimeur, du Jardinier, du Maçon, du Pêcheur, etc., etc.

PRÉCÉDÉ

D'ALPHABETS EN DIVERS CARACTÈRES

De syllabes et de phrases à épeler en gros caractères.

Orné de 24 Gravures.

PARIS
VEUVE THIÉRIOT, LIBRAIRE
15, rue Pavée-Saint-André-des-Arts

(1854)

(1)

A B C
D E F
G H I
J K L
M N O
P Q R

(2)

S T U
V X Y
Z Æ Œ
W

A B C D
E F G H

(3)

I J K L

M N O P

Q R S T

U V X Y

Z Æ OE W

a b c d

e f g h

(4)

i j k l

m n o p

q r s t

u v x y

z œ œ ffi

ffi fl ffl ff

w

ALPHABET QUADRUPLE

*Ou Lettres majuscules et minuscules,
courantes, italiques et manuscrites.*

A a	B b	C c	D d	E e
A a	*B b*	*C c*	*D d*	*E e*
F f	G g	H h	I i	J j
F f	*G g*	*H h*	*I i*	*J j*
K k	L l	M m	N n	O o
K k	*L l*	*M m*	*N n*	*O o*
P p	Q q	R r	S s	T t
P p	*Q q*	*R r*	*S s*	*T t*
U u	V v	X x	Y y	Z z
U u	*V v*	*X x*	*Y y*	*Z z*

Voyelles.

a e i *ou* y o u

Syllabes.

ba	be	bi	bo	bu
ca	ce	ci	co	cu
da	de	di	do	du
fa	fe	fi	fo	fu
ga	ge	gi	go	gu
ha	he	hi	ho	hu
ja	je	ji	jo	ju
ka	ke	ki	ko	ku
la	le	li	lo	lu
ma	me	mi	mo	mu

na	ne	ni	no	nu
pa	pe	pi	po	pu
qua	que	qui	quo	qu
ra	re	ri	ro	ru
sa	se	si	so	su
ta	te	ti	to	tu
va	ve	vi	vo	vu
xa	xe	xi	xo	xu
za	ze	zi	zo	zu
ab	eb	ib	ob	ub
ac	ec	ic	oc	uc
ad	ed	id	od	ud
af	ef	if	of	uf

ag	eg	ig	og	ug
ah	eh	ih	oh	uh
ak	ek	ik	ok	uk
al	el	il	ol	ul
am	em	im	om	um
an	en	in	on	un
ap	ep	ip	op	up
aq	eq	iq	oq	uq
ar	er	ir	or	ur
as	es	is	os	us
at	et	it	ot	ut
av	ev	iv	ov	uv
ax	ex	ix	ox	ux
az	ez	iz	oz	uz
bla	ble	bli	blo	blu
bra	bre	bri	bro	bru

cha	che	chi	cho	chu
cla	cle	cli	clo	clu
cra	cre	cri	cro	cru
dra	dre	dri	dro	dru
gla	gle	gli	glo	glu
gna	gne	gni	gno	gnu
gra	gre	gri	gro	gru
pha	phe	phi	pho	phu
pra	pre	pri	pro	pru
tla	tle	tli	tlo	tlu
tra	tre	tri	tro	tru

Lettres accentuées.

é	(aigu)
à è ù	(graves)
â ê î ô û	(circonflèxes)
ë ï ü	(tréma)
ç	(cédille)

PONCTUATION.

Apostrophe (') l'orage
Trait d'union (-) Porte-feuille
Guillemet («)
Parenthèses ( )
Virgule (,)
Point et virgule (;)
Deux points (:)
Point (.)
Point d'interrogation (?)
Point d'exclamation (!)

A-mi.	Mâ-le.
A-ne.	Ma-ri.
Ar-me.	Mê-me.
Ca-ve.	Me-nu.
Cu-ré.	Mè-re.
Da-me.	Mi-di.
Da-te.	Mo-de.
Dé-jà.	Or-me.
De-mi.	Pa-pa.

Di-re. La-me.
Du-pe. Li-me.
Fê-te. Li-re.
Fè-ve. Lu-ne.
Fi-le. Mi-ne.
Ga-ze. Pa-ri.
Jo-li. Pa-vé.
Ju-pe. Pè-re.

Bal-lon. Le-çon.
Bam-bin. Maî-tre.
Bé-guin. Ma-man.
Bon-bon. Mou-ton.
Bon-net. Na-non.
Chai-se. Oi-seau.
Cha-meau. Poi-re.
Cha-peau. Pom-me.
Cor-beau. Pou-pée.
Cor-don. Rai-sin.
Cou-sin. Se-rin.
Cou-teau. Tau-reau.
Dra-gée. Ton-neau.

Gâ-teau.   Ver-tu.
Jar-din.   Voi-sin.
Jou-jou.   Vo-lant.

A-bat-tu.   Lai-tiè-re.
A-do-ré.   Li-ber-té.
A-bo-lir.   Li-ma-çon.
Ar-ca-de.   Ma-da-me.
A-va-re.   Mé-ri-te.
Ba-bil-lard.   Na-vi-re.
Ba-di-ner.   Nu-di-té.
Bo-bi-ne.   Né-ga-tif.
Ca-ba-ne.   Ob-te-nir.
Ca-ba-ret.   Par-ve-nir.
Ca-na-pé.   Por-ta-tif.
Cap-tu-rer.   Ré-vol-te.
Cou-tu-me.   Re-te-nir.
Da-moi-seau.   Sar-di-ne.
Dé-chi-rer.   Si-mi-lor.
Dé-fi-lé.   Sur-di-té.
Do-mi-no.   Sur-ve-nir.
E-tren-nes.   Tar-ti-ne.

É-co-le.
É-tu-de.
Fé-ru-le.
Lé-gu-me.

Ab-sur-di-té.
Ca-rac-tè-re.
Car-mé-li-te.
Car-ni-vo-re.
Con-clu-si-on.
Dé-pu-ra-tif.
Di-a-lo-gue.
É-car-la-te.
É-ga-le-ment.
Eu-cha-ris-tie.
For-ma-li-té.
Gar-ni-tu-re.
Ha-bi-tu-de.
Im-pos-tu-re.
In-con-ti-nent.
Ju-di-ci-eux.
Ju-ri-di-que.

Tu-mul-te.
Tor-tu-re.
Va-car-me.
Vir-gu-le.

O-pi-ni-on.
Ou-ra-gan.
Par-ti-cu-le.
Pe-lo-ton.
Pa-ti-en-ce.
Par-don-na-ble.
Phi-lo-so-phe.
Po-ti-ron.
Pour-boi-re.
Ra-con-teur.
Ra-mo-neur.
Ra-bâ-cheur.
Sa-co-che.
Se-cou-ra-ble.
Sou-cou-pe.
Sou-ri-re.
Sou-ve-nir.

Ki-ri-el-le.   Souil-lu-re.
Lai-ti-è-re.   Te-nail-le.
Mar-me-la-de.   Vi-gne-ron.
Né-gli-gen-ce.   Vo-lail-le.
O-ri-gi-nal.   Vo-lon-té.

Ar-bre.   Cha-grin.
As-tre.   Chan-vre.
A-tre.   Chè-vre.
A-vril.   Clo-che.
Bi-ble.   Crâ-ne.
Blâ-me.   Crè-me.
Blan-cheur.   Cru-che.
Bran-che.   Cui-vre.
Bra-ve.   Drô-le.
Bri-de.   É-cri-re.
Bro-che.   É-crou.
Bro-cheur.   Fa-ble.
Bron-ze.   Flû-te.
Bru-tal.   Fran-chir.
Câ-ble.   Frè-re.
Ca-dran.   Gloi-re.

(15)

Gra-de.
Gron-deur.
Jus-te.
Lè-vre.
Marbre.
Mor-dre.
Nè-fle.
Oc-troi.
Pas-teur.
Plan-che.
Plan-teur.
Pleu-reur.
Plu-me.
Pol-tron.
Por-te.
Prê-cheur.
Prê-tre.

Sa-ble.
Scri-be.
So-cle.
Spas-me.
Sta-ble.
Su-cre.
Ti-gre.
Tra-me.
Tran-che.
Tra-pu.
Tri-cheur.
Tris-te.
Trou-ble.
Trou-pe.
Vas-te.
Vi-tre.
Zè-bre.

le b on-b on , la s ou-pe , un b ou-t.on, u-ne s ou-c oupe, un d an-s eur, la d ou-l eur , un f our-g on, un p an-ta-l on , la four-mi , un j ou-

j ou , le mou-l in , un pin-son.—
un ga-l on n euf—m on jar-din—
t on jou-jou—s on m ou-lin—ro-
b in m ou-ton — le b on la-b ou-
r eur.

le ti-m on de la voi-ture—le feu
du four— le cou du din-don—un
peu de feu — le ga-zon du jardin—
la meu-le du mou-lin — le pe-pin
de la poi-re — le ma-ga-sin de maman — de bon ma-tin — bon-jour ,
ma tan-te — à ton tour mon a-mi.

la poule a pon du — il a un peu
peur — la boule a roulé — l'ours
danse—la meule tourne— le pinson
vole—écoute ton père—la voiture
roule—le laboureur laboure — con-
sole ta maman—le lapin a couru—
demande un sou à maman—mon
papa m'a raconté un conte— le feu
a consumé la cabane du laboureur

—un milan a fondu sur une poule —tourne le bouton de la porte—on a peur de l'ouragan—mon élève a fini son devoir — le laboureur a récolté du lin — l'ours a monté sur un pin du jardin—maman a voulu me punir — consulte ton père, mon ami.

Voi-iez le ciel bril-lant d'é-toi-les, la ter-re cou-ver-te de fleurs, de fruits et d'a-ni-maux; c'est Dieu qui a fait tout ce-la ; lui seul est tout - puis - sant :

pour plai - re à Dieu, il faut que cha-cun fas-se son de-voir.

Le de-voir d'un en-fant est d'o-bé-ir à ses pa-rens, de cher-cher ce qui peut leur plai-re.

Les hom-mes sont faits pour s'ai-mer; ils sont en so-ci-é-té pour se ren-dre ser-vi-ce les uns aux au-tres.

Ce-lui qui ne veut ê-tre u-ti-le à per-son-ne, n'est pas di-gne de vi-vre a-vec les autres.

Les mi-li-tai-res dé-fen-dent l'é-tat; les ju-ges font ren-dre à cha-cun ce qui lui est dû; les mar-chands pro-cu-rent tout ce dont on a be-soin; les ou-vri-ers le pré-pa-rent.

Les prê-tres sont les gar-diens de la mo-ra-le.

Les sa-vans nous ex-pli-quent les mer-veil-les de la na-tu-re; les ar-tis-tes nous en re-pré-sen-tent les beau-tés; le phi-lo-so-phe est ce-lui qui ai-me la sa-ges-se et qui fait tout pour el-le.

La sa-ges-se de l'en-fant le rend

plus ai-ma-ble; il fait a-vec plai-sir ce qu'on lui de-man-de.

La vé-ri-té est si bel-le, ne men-tez ja-mais; on ne croit plus ce-lui qui a men-ti u-ne fois quand mê-me il dit vrai.

Phrases à épeler,

Il n'y a qu'un seul Dieu qui gou-ver-ne le ciel et la ter-re.

Ce Dieu ré-com-pen-se les bons et pu-nit les mé-chans.

Les en-fans qui ne sont pas o-bé-is-sans ne sont pas ai-més de Dieu, ni de leurs pa-pas et ma-mans.

Il faut faire l'au-mône aux pauvres, car on doit a-voir pi-tié de son sem-bla-ble.

Un enfant ba-bil-lard et rap-por-teur est tou-jours re-bu-té par tous ses ca-ma-ra-des.

On ai-me les en-fans

do-ciles; on leur don-ne des bon-bons.

Un enfant doit être poli.

Un enfant boudeur est haï de tout le monde.

Un enfant qui est hon-nête et qui a bon cœur est chéri de tous ceux qui le connaissent.

L'homme a cinq sens, ou cinq manières d'aper-cevoir ou de sentir ce qui l'environne.

Il voit avec les yeux.

Il entend par les oreil-les.

Il goûte avec la langue.

Il flaire ou respire les odeurs avec le nez.

Il touche avec tout le corps, et principalement avec les mains.

L'enfant sage est la joie de son père.

Le lion est le roi des animaux.

L'aigle est le roi des oiseaux.

La rose est la reine des fleurs.

L'or est le premier des métaux; il est le plus dur et le plus rare.

Armurier.

Boulanger.

Chapelier.

Distillateur.

Ébéniste.

Forgeron.

Armurier.

L'armurier fabrique toutes les petites armes à feu, telles que sont les arquebuses, les carabines, les fusils, les mousquets, les mousquetons, les pistolets; il en forge les canons, en fait les platines, et les monte sur des fûts de bois.

L'arquebuse, qui a donné son nom à l'artisan qui la faisait, est la plus ancienne des armes à feu; elle était de la longueur d'un fusil ou d'un mousquet, se bandait ordinairement avec un rouet, et avait une petite ouverture pour communiquer le feu à la poudre.

Un fusil de chasse est composé d'un canon, d'une platine, d'une monture, c'est-à-dire d'un fût et d'une garniture. Le canon est composé de deux pièces essentielles : savoir, son corps et sa culasse; on entend par culasse, cette pièce de fer adaptée à vis au tonnerre du canon, c'est-à-dire à l'endroit où l'on perce le trou par lequel le feu est communiqué du bassinet au corps du canon : ce trou se nomme lumière.

De toutes les marchandises de contrebande, les armes tant offensives que défensives sont celles dont la sortie hors du royaume est le plus rigoureusement punie par les lois; non-seulement il y a confiscation et amende prononcées contre ceux qui exportent des armes sans permission, et passe-port, mais encore les marchands et voituriers sont sujets à des peines afflictives, suivant la nature de la contravention.

Boulanger.

Le but et la fin de tous les travaux du labourage est de se procurer du pain ; quelqu'ordinaire que soit aujourd'hui cet aliment, l'art de le préparer a eu des commencements très-grossiers et différents progrès, de même que toutes les autres inventions humaines.

L'art de faire le pain, ignoré pendant très-longtemps, est encore inconnu de bien des peuples, quoiqu'ils aient des grains propres à en faire ; il paraît au premier aspect simple et facile, puisqu'il n'est question que d'allier, par une agitation violente, un corps farineux avec de l'eau et de l'air, de lui donner ensuite une certaine forme, et enfin une consistance par le moyen du feu ; il demande cependant plusieurs travaux différents, et une certaine intelligence pour y réussir.

Un boulanger a ordinairement sous lui un geindre, ou premier ouvrier, et des aides garçons dont le nombre doit être relatif au plus ou moins de travail qu'il entreprend. Son atelier est garni d'un pétrin, ou auge de bois dans laquelle on travaille la pâte ; d'une chaudière, d'un bassin de cuivre à anses de fer, pour porter l'eau chaude dans le pétrin ; d'une ratissoire pour détacher la pâte qui est collée aux parois du pétrin ; d'un coupe-pâte ou instrument de fer forgé et presque carré, d'une couche ou table de bois sur laquelle on couche la pâte qu'on a tirée du pétrin; de sébiles, ou vaisseaux de bois faits en rond, dans lesquels on tourne le pain avant que de le mettre au four ; de plateaux de bois, plus grands et plus plats que les sébiles ; de panetons ou petits paniers pour mettre le pain ; de toiles pour l'envelopper, et enfin de tous les instruments nécessaires à chauffer le four et à en conserver la chaleur.

Chapelier.

Les ouvriers qui font les chapeaux, ainsi que ceux qui les vendent, s'appellent chapeliers. Pour faire des chapeaux, on se sert de poil de castor, de lièvre, de lapin, etc., de la laine vigogne et commune. Le poil de castor vient en peau du Canada; il en vient aussi de Moscovie. La vigogne la plus belle vient d'Espagne en balles. La laine la plus longue étant la moins estimée pour la fabrique des chapeaux, on y emploie par préférence la courte, comme celle des agneaux et des jeunes moutons.

Quoique la France en fournisse beaucoup, les chapeliers font venir de l'étranger des laines plus fines que les nôtres : ils tirent de Hambourg des agnelins qui est une laine courte et frisée, provenant de la tonte des agneaux ; ils font aussi usage de la Cormanie, qui est une laine de Perse, et qui prend son nom de celui de Kerman, qui en est une province. Les chapeliers distinguent deux sortes de laines de Germanie : la première est celle qu'ils appellent la rouge, et ils l'estiment plus que celle de la seconde qualité à laquelle ils donnent le nom de blanche ; ce qu'ils nomment laine d'autruche n'est qu'un poil de chèvre, ou de chevreau gris cendré. Ils se servent aussi du poil de chameau et de chiens barbets ; mais l'on n'emploie presque plus ces derniers poils.

Suivant que l'on veut faire des chapeaux plus ou moins fins, ou plus ou moins lustrés, on mêle ensemble une quantité plus ou moins grande de chaque espèce de laine ou de poil, suivant que l'expérience l'a appris pour l'usage qu'on en veut faire. Dans ce mélange, on met une partie de poil sec ou veule, c'est-à-dire de celui qui n'est point chargé de la graisse de l'animal, ou qui n'a pas été préparé.

Distillateur.

Le distillateur est en général l'artiste qui, par le moyen de la distillation, sépare et tire des mixtes les eaux, les esprits, les essences.

Ces différents objets sont du ressort ou du pharmacien, ou du parfumeur, ou du confiseur, ou du vinaigrier, ou du limonadier, ou enfin du distillateur d'eaux-fortes ; mais il n'y a à Paris que ce dernier et le limonadier qui soient qualifiés de distillateurs. On connaît dans la chimie trois espèces d'acides minéraux : savoir, l'acide vitriolique, l'acide nitreux et l'acide marin. Les distillateurs connus sous le nom de distillateurs d'eaux-fortes, ont le droit de préparer ces différents acides.

L'acide vitriolique a été ainsi nommé parce qu'on le retirait autrefois du vitriol de mars en le distillant dans des vaisseaux de grès, à l'aide d'un très-grand feu ; mais depuis quelques années on a abandonné ce travail, parce qu'on retire ce même acide du soufre, avec plus de bénéfice et en plus grande quantité qu'on ne le retirait du vitriol de mars. Tout l'acide vitriolique dont on fait usage actuellement est tiré du soufre, et se fabrique en Hollande et en Angleterre ; mais depuis quelques années il s'en est établi une fabrique à Rouen, et qui paraît très-bien réussir : l'acide vitriolique qu'on y prépare ne le cède en rien à celui de l'étranger.

Ébéniste.

L'ébéniste est l'ouvrier qui fait des ouvrages de rapport, de marqueterie et de placage, avec les bois de couleur, l'écaille et autres matières.

Quand ces matières sont coupées ou sciées par feuilles, on les applique, avec de la bonne colle d'Angleterre, sur des fonds faits de moindre bois, où elles forment des compartiments; après que les feuilles sont plaquées, jointes et collées, on les laisse sur l'établi, et on les tient en presse avec des goberges, jusqu'à ce que la colle soit bien sèche. Les goberges sont des perches coupées de longueur, dont un bout porte au plancher, et dont l'autre bout est fermement appuyé sur le placage avec un coin mis entre l'ouvrage et la goberge.

Les outils des ébénistes sont à peu près les mêmes que ceux des menuisiers; mais comme ils emploient des bois durs et pleins de nœuds, qu'ils appellent bois rustiques, ils ont des rabots autrement disposés que dans la menuiserie ordinaire, qu'ils accommodent eux mêmes selon qu'ils en ont besoin. Quand ils ont travaillé avec ces sortes d'outils, ils en ont d'autres qu'ils nomment racloirs, qui s'affûtent sur une pierre à l'huile; ils servent à emporter les raies ou bretures, que le rabot debout et celui à dents ont laissées, et à finir entièrement l'ouvrage.

Les outils des ébénistes sont des goberges, des rabots, dont partie du fût est de fer, d'autres dont les fers sont différemment faits, ou posés autrement que dans les rabots ordinaires, des racloirs, des scies à refendre, pour débiter leurs bois en feuilles ou en bandes, des presses pour tenir le bois quand on le débite, d'autres petites presses pour affermir l'ouvrage sur l'établi, des scies autres que les scies ordinaires, la machine qu'on appelle outil à oude pour les moulures, celle qu'on nomme l'asue, ou estoan, pour contourner les pièces, des pointes pour tracer, des couteaux à trancher, des tournevis, des tire-fonds, des polissoirs.

Forgeron.

Le fer est un métal dur et sec, difficile à fondre, et d'un très-grand usage pour les besoins de la vie. L'or et l'argent, tout précieux qu'ils sont, ne lui sont pas comparables à cet égard.

Les mines de fer sont assez communes dans l'Europe, et particulièrement en France. La mine se trouve à différentes profondeurs, et de diverses figures. Quelquefois elle est en pierres de la grosseur du poing, et quelquefois rude et criblée comme une éponge, souvent polie et luisante comme une glace, ou seulement en sable. Il y a des endroits où la mine de fer est à peine couverte de deux ou trois pouces de terre, mais ordinairement il faut la fouiller à quatre, cinq ou six pieds de fond.

On a remarqué qu'il y a du fer dans la terre en poussière, dans le limon, dans l'argile, dans la marne, et surtout dans les terres grasses qui sont brunes, rouges ou noires; on en trouve encore dans la pierre à chaux, dans la pierre à fusil, et autres. Il y a du fer dans le bois même, dans le sang des hommes et des animaux; on peut même ajouter qu'il y en a dans l'eau et dans l'air.

Quelques personnes ont divisé les mines en mines sèches et en mines vives. Les mines sèches sont celles qui ne se mettent que difficilement en fusion. Les mines vives, au contraire, sont celles qui ont avec elles une quantité suffisante de fondants. D'autres ont divisé les mines en froides et en chaudes; c'est la même chose que sèches et vives. Les mineurs et les fondeurs du Maine les distinguent en mines cassantes et mines pliantes. Le travail des mines consiste : 1° à tirer de la minière la mine dont on veut faire usage; 2° à séparer les corps ou substances nuisibles; 3° à ajouter les matières convenables à la fusion que l'on appelle *fondants*.

Les mines sont, ou sur la superficie de la

terre, ou à différents degrés de profondeur. Il y en a en grains, en masses plus ou moins dures. Pour trouver celles qui sont sur la superficie, on n'a besoin que des yeux. Si la mine s'enfonce dans de l'argile ou autre matière aisée à percer, il faut employer la sonde avant que d'y mettre des ouvriers. Quand on est assuré d'un banc de mines et de son épaisseur, des pelles et des piques suffisent pour en tirer la mine. Si les mines sont en grains fins ou en poussière comme du menu sable, mêlée dans la pierre dont les morceaux se séparent aisément, le pic en viendra également à bout; si les mines sont à fond de douze ou quinze pieds, il faut faire une ouverture de six pieds sur douze; et quand on est descendu à moitié, on la diminue de six pieds, pour percer jusqu'à la mine, qu'on jette sur le premier repos, et de là sur le bord de l'ouverture.

Gantier.

C'est l'ouvrier et marchand qui fait et vend toutes sortes d'ouvrages de ganterie, comme gants, mitaines, etc. On en porte aujourd'hui dans toutes les saisons, et les femmes surtout ne peuvent guère s'en passer. Les gants se font ordinairement de peaux d'animaux, passées en huile ou en mégie, telles que celles du chamois, de la chèvre, du mouton, de l'agneau, du daim, du cerf, de l'élan, etc. On fait aussi des gants à l'aiguille et sur le métier, avec la soie, le fil, la laine, le coton, etc. Il y en a de velours, de satin, de taffetas, de toile et d'autres étoffes.

Le gantier ne prépare point les peaux ; il doit seulement s'attacher à faire un bon choix dans l'achat qu'il en fait, surtout lorsque la partie de peaux qu'il achète est considérable.

L'usage des gants est très-ancien ; comme on se revêtait de peaux pour mettre son corps à l'abri des injures de l'air, on en fit usage aux mains pendant l'hiver, pour ne pas ressentir la rigueur du froid. Cette profession exige beaucoup de propreté, et peu d'outils ; les principaux dont elle se sert sont les ciseaux de tailleur ou les forces, le couteau à doler, et le tourne-gant.

Le gantier commence par faire parer les peaux. S'il veut, par exemple, couper des chevreaux en blanc, et que les peaux aient un peu plus d'épaisseur au dos qu'à la tête ou sur les flancs, il commence par lever une petite lisière de la seconde peau, à l'endroit qui est trop épais. A l'aide de son pouce et de son ongle, il suit la coupe de cette portion de la peau dans toute sa longueur. Par cette opération, il la rend d'égale épaisseur ; c'est ce qu'on appelle *effleurer à la main*. Ensuite il a une brosse de crins rudes, il brosse chacune des peaux du côté de la chair, et il observe de ranger ses peaux la fleur sur la chair ; il en place un grand nombre sur une table bien nettoyée ; ensuite il prend une éponge qu'il trempe dans de l'eau fraîche; il passe cette éponge le plus légèrement qu'il peut sur une des peaux. Après cela il prend la peau par les pattes de derrière; il la retourne et l'étend sur une autre table, du côté où elle a été humectée sur la fleur; il éponge une seconde peau, qu'il étend sur la première, chair contre chair; il en éponge une troisième, qu'il étend sur la seconde, fleur contre fleur, et ainsi de suite; un côté humide d'une peau toujours sur un côté humide de la suivante, et la chair de l'une toujours contre la chair d'une autre.

Après cette première manœuvre, il roule toutes les peaux, et en fait un paquet rond, ce qu'il appelle les *mettre en pompe*. Il les tient en cet état jusqu'à ce qu'il soit assuré que les peaux ont bu assez d'eau. Alors il ouvre le paquet, il prend une de ces peaux qui a conservé un peu de son humidité; il tire la tête à deux mains, et l'étend, ce qui s'appelle la *mettre sur son large*. Il continue ainsi de manier toute la peau, et à la mettre sur son large, de la tête à la culée, pour en tirer le plus d'ouvrage qu'il est possible ; c'est l'étendue de la peau qui décidera de la longueur des gants.

Horloger.

L'horlogerie est l'art de construire des machines qui, par le moyen d'un rouage, mesurent le temps, en le partageant en parties égales, et en marquant ce partage par des signes intelligibles.

Pour ne pas confondre l'horloger artisan avec l'horloger artiste, il est bon de savoir que le premier est ordinairement un ouvrier qui fabrique diverses pièces d'horlogerie, et les assemble sans connaître la justesse des proportions, et sans être en état de rendre raison des principes qui le font agir ; au lieu que le second joint au génie du mécanisme, qui est un présent de la nature, la physique, la géométrie, la science du calcul, et l'art de faire des expériences ; il n'exécute rien sans

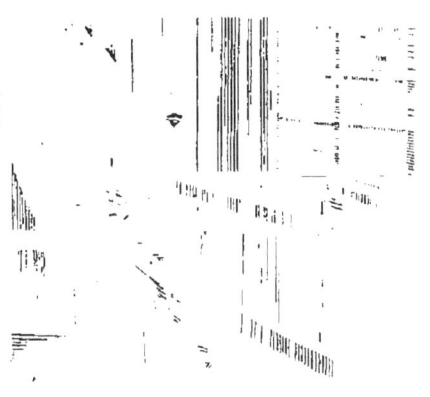

Gantier.

Horloger.

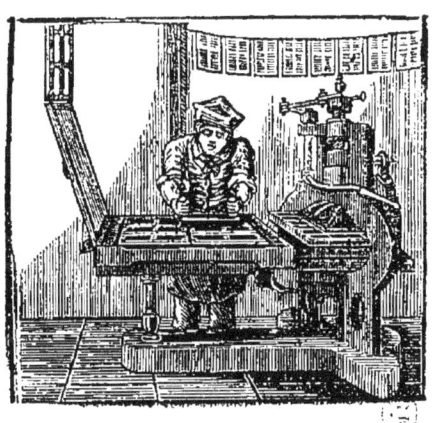

Imprimeur.

Jardinier.

K.

Luthier.

en sentir les effets; il cherche à les analyser; rien n'échappe à ses observations; il profite des découvertes qu'on a faites avant lui, et il en fait souvent lui-même.

Nous n'entrerons pas dans le détail de la main-d'œuvre de l'horloger; il est si étendu, qu'il suffirait pour former un volume. Les anciens se contentaient de compter le temps d'un lever du soleil à l'autre, comme les Babyloniens; ou bien d'un coucher à l'autre, comme les Romains. Cette dernière façon de partager le temps est même encore d'usage à Rome et dans plusieurs autres villes d'Italie. Par exemple, lorsque le soleil se couche, on compte vingt-quatre heures; celles qui suivent sont nommées une, deux, trois, etc., heures de nuit, de sorte qu'au mois de décembre, lorsqu'il est à Paris cinq heures du soir, on compte à Rome une heure de nuit; et lorsque vers la Saint-Jean, au mois de juin, on compte partout ailleurs huit heures du soir, on dit, en Italie, vingt-quatre heures.

Imprimeur.

Cet art ingénieux, qui fixe la parole et la pensée, et qui, supérieur à l'art d'écrire, multiplie les copies avec une rapidité aussi surprenante que la ressemblance parfaite qu'il leur donne à toutes, était inconnu des anciens, à qui nous devons tant de secrets et d'inventions utiles.

La difficulté de répandre les connaissances acquises a été sans doute le plus grand obstacle que les sciences et les arts ont eu à vaincre pour franchir l'intervalle des climats et des siècles, et pour surmonter les barrières que la barbarie, la discorde et l'ignorance leur ont opposées dans tous les pays, dans tous les temps. Que de richesses de l'esprit humain ! que d'inventions curieuses ! que de résultats de la longue et pénible expérience des nations policées étaient déposées ou plutôt ensevelies dans les immenses bibliothèques d'Alexandrie et de

Constantinople, lorsqu'elles furent consumées, la première par le feu de la guerre, du temps de Jules-César, l'an 48 avant Jésus-Christ, et la seconde par celui du fanatisme, sous les empereurs turcs ! Il a donc fallu de nouveaux efforts du génie, et les travaux de l'active et infatigable industrie, pour recréer en quelque sorte les arts, et réparer les pertes des trésors de l'expérience dont la fatalité d'un moment ou l'imbécile caprice d'un despote avait privé le genre humain.

Jardinier.

Le jardinier est proprement celui qui cultive les plantes qu'on a réunies dans un jardin ou dans un enclos. Son travail s'étend aux arbres, aux fleurs, aux plantes potagères ; et tel est, en effet, l'ouvrage des jardiniers qui entretiennent les jardins de campagne des particuliers. Dans l'origine, qu'on peut faire remonter jusqu'aux temps les plus reculés, tout jardinier était fruitier, fleuriste, pépiniériste, botaniste et maraîcher. Le goût particulier qu'on eut pour chacune de ces classes, l'heureux succès de diverses expériences, firent qu'on porta son industrie du côté pour lequel on avait le plus de penchant. C'est ainsi que dans les environs des grandes villes les uns se sont attachés à la culture des légumes, et se sont nommés *maraîchers;* les autres à celle des fleurs, et portent le nom de *jardiniers fleuristes;* les autres à celle des arbres, et sont appelés par cette raison *jardiniers marchands d'arbres;* et enfin les jardiniers planteurs s'occupent uniquement de l'agriculture des forêts. C'est à chacun de ces mots que l'on peut voir en quoi consiste l'art de chacun d'eux, les moyens qu'ils emploient, et que doit nécessairement pratiquer tout bon jardinier.

Le jardinier reçoit du marchand d'arbres ceux qu'il plante, et dont la forme est déjà commencée. Mais c'est à lui à les tailler avec art, pour leur faire faire de belles palissades.

C'est à lui à former les bosquets, les berceaux ; à cintrer les branches encore jeunes ; à tailler les charmilles en croissant, pour qu'elles ne présentent à l'œil qu'un beau tapis de verdure ; c'est à lui à former et à entretenir ces arbres qui représentent de superbes portiques. La taille des arbres fruitiers est aussi un de ses grands ouvrages ; mais c'est le même art que celui du marchand d'arbres.

K.

Le k est une lettre consonne, la onzième de l'alphabet.

On s'en servait quelquefois dans quelques mots, comme *kalendes, kalendrier*. On s'en sert encore dans quelques noms propres, comme *Stockholm*, *York*, etc., et en quelques mots tirés des langues étrangères.

Luthier.

C'est l'artiste qui fait tous les instruments de musique qu'on joue avec l'archet, comme violons, ou altos, violoncelles, contre-basses, basses, et dessus de violes d'amour, etc., etc. Il fait aussi les instruments qu'on pince avec les doigts, comme le luth, l'archi-luth, le téorbe, la harpe, la guitare, la mandore, la mandoline, le psaltérion, la vielle, etc.

Les luthiers de Paris, quoique faisant un seul corps avec les facteurs d'orgues, de clavecins et d'instruments à vent, s'appliquent uniquement à la facture des instruments ci-dessus énoncés, qui les occupe assez, s'ils veulent pousser leur ouvrage à un certain degré de perfection.

Le luthier, pour donner une belle forme aux violons, les fait sur les modèles ou patrons des habiles artistes italiens qui se sont acquis à cet égard une réputation générale dans toute l'Europe.

Maçon.

Le maçon est celui qui travaille en maçonnerie. Ce nom se donne également à l'entrepreneur qui fait les marchés des ouvrages de maçonnerie dans un bâtiment, pour les faire exécuter sous ses yeux, et à l'ouvrier qui les construit. Le premier se nomme *maître maçon;* le second s'appelle simplement *maçon*, et n'est qu'un manouvrier, un compagnon qui travaille quelquefois à la tâche ou à la toise, mais le plus souvent à la journée. Entre les arts mécaniques qui servent à la construction des édifices, la maçonnerie est celui qui tient aujourd'hui un des premiers rangs. On se contenta d'abord d'habiter des cavernes, ou de se faire des cabanes avec des fourches entrelacées de branches d'arbres, de feuillage et de terre grasse ; on s'avisa ensuite de faire sécher cette terre, de la cuire, et d'en former des bâtiments plus solides et plus durables. Peu à peu on parvint à y employer la pierre avec du plâtre, de la chaux, du sable, de la glaise, du bitume, de la terre grasse, et de toutes les matières qui sont propres à se lier avec un corps solide. Les Égyptiens, les Assyriens et les Hébreux furent les premiers qui se servirent de cette dernière façon de bâtir ; les Grecs, qui leur succédèrent en ce genre, y ajoutèrent l'usage des marbres. Les maçons, manouvriers ou journaliers sont de deux sortes : les uns qui ne travaillent qu'en plâtre, les autres qui emploient le mortier et la terre. Ces derniers s'appellent *Limousins*, du nom d'une province de France d'où il en sort chaque année qui se répandent dans tous les ateliers du royaume, et particulièrement dans ceux de Paris. Les maçons manouvriers ou compagnons maçons ont sous eux pour les servir des garçons qui portent le nom de *manœuvres*.

Maçon.

Notaire.

Oiseleur.

Pêcheur.

Quincaillier.

Relieur.

Notaire.

Le notaire est un officier public qui reçoit et qui passe les contrats, les obligations, les transactions et autres actes volontaires. La présence et la signature d'un notaire donne de l'authenticité à un acte. C'est le notaire qui reçoit ordinairement les dernières volontés d'un mourant, et cet acte s'appelle un *testament*. Il assiste aussi au contrat de mariage. On ne reçoit ordinairement pour notaires que des hommes d'une réputation sans tache, ce qui est bien nécessaire, car ils sont très souvent les dépositaires de la fortune d'autrui.

Oiseleur.

L'oiseleur, qu'on nomme aussi oiselier, est celui qui va chasser et tendre des piéges aux menus oiseaux, qui les élève et qui en fait trafic. C'est aussi l'oiseleur qui fait les cages, les volières et les cabanes, soit de bois, soit de fil de laiton ou de fer, pour les renfermer et les faire couver; les trébuchets pour les prendre, et les divers filets qui servent à cette chasse. Les oiseaux qu'il n'est permis qu'aux maîtres oiseleurs de chasser et de prendre à la glu, à la pipée, aux filets et autres harnais semblables, sont tous ceux qu'on nomme oiseaux de chant et de plaisir, comme les linottes, chardonnerets, pinsons, serins, tarins, fauvettes, rossignols, cailles, alouettes, merles, sansonnets, ortolans et autres semblables. Le temps où il n'est pas permis de chasser ces oiseaux est depuis la mi-mai jusqu'à la mi-août, parce que c'est la saison où ils font leurs nids et leurs pontes ; mais il en faut excepter les oiseaux de passage, tels que les cailles, les rossignols et les ortolans, qui se peuvent prendre depuis le deuxième avril jusqu'au deuxième mai, pour le remontage, et du premier jour d'août jusqu'à leur passage. Outre les oiseaux mentionnés ci-dessus, les oiseleurs vendent aussi des tourterelles, des pigeons, des perroquets et des perruches, des écureuils, et d'autres petits animaux qu'on a chez soi par amusement.

Pêcheur.

Le pêcheur est celui qui fait son métier de la pêche; les uns habitent le bord des rivières et des fleuves, s'attachent à la pêche des poissons d'eau douce; les autres, établis sur le bord de la mer, s'attachent à la pêche du poisson de mer. Les pêcheurs font eux-mêmes leurs filets pour la pêche; tels que les *seines*, les *tramails*, les *nasses*, les *éperviers*, etc. Ils font usage de ces diverses sortes de filets suivant les différentes espèces de poissons qu'ils veulent pêcher, et selon la nature du terrain où ils pêchent. La *seine* est un grand filet terminé par une espèce de sac; ce filet est garni à son ouverture de bouchons de liége par le haut, pour le faire surnager, et de morceaux de plomb par le bas pour le faire traîner au fond de l'eau. Pour faire usage de ce filet, le pêcheur se met dans un bateau : il attache un bout de la seine au bord de l'eau à un piquet, et fait avec le bateau un circuit qui embrasse la largeur de la rivière, autant que le filet le permet ; le pêcheur revient ensuite rejoindre le piquet, et il prend ainsi le poisson qui se rencontre dans cet espace.

L'épervier est une autre sorte de filet, qui, lorsqu'il est étendu, a la figure d'un éventail renversé et replié en rond, le bas de ce filet est garni de plomb. Le pêcheur le porte sur son bras, monte sur la tête de son bateau, et le lance dans la rivière, dans un endroit où il a mis des amorces ; les plombs tombent au fond de l'eau, et forment en tombant un cintre sous lequel se trouve pris le poisson qui était à la place sur laquelle on a lancé l'épervier.

Quincaillier.

Le mot quincaillerie ou quincaille, que l'on écrit et que l'on prononce quelquefois, quoique improprement, clincaille, est une dénomination générale sous laquelle les négociants renferment une infinité d'espèces différentes de marchandises d'acier, de fer et de cuivre ouvré qui font partie de la mercerie. Les principales de ces marchandises sont des couteaux, ciseaux, rasoirs, canifs, instruments de chirurgie, tire-bouchons et autres ouvrages de coutellerie.

Des haches, des faux, couperets, faucilles, croissants, cisailles, doloires, panes, bêches, houes, hoyaux, ciseaux, ratissoires, etc. Autres marchandises de taillanderie, des cadenas, serrures, gâches, verroux, fiches, couplets, pentures, gonds, loquets, clous à vis, et autres menus ouvrages de serrurerie.

Des marteaux, tenailles, étaux, alicattes,

bigornes, forets, vrilles, tire-fonds, enclumes, lingotières, filières, limes, burins, poinçons, alènes, carrelets, aiguilles à emballer, scies, compas, porte-crayons, pieds-de-roi, et autres instruments et outils propres à différents ouvriers et artisans.

Enfin les boucles de souliers, boutons, anneaux de rideaux, chaînes à chiens, mouchettes, porte-mouchettes, binets, éteignoirs, cuillers, fourchettes, perçoirs et fontaines à vin, moules à dragées et à balles de plomb, marteaux, armes, tire-bourres, tournevis, mors de brides, carrepons, filets, mastigodours, étrilles, éperons, étriers; en un mot, toute autre marchandise de semblable nature.

Plusieurs mettent encore au rang de la quincaillerie les ouvrages d'arquebuserie; la plus grande partie des marchandises qui se voient en France se tire de Saint-Etienne en Forez, et de Thiers en Auvergne.

Relieur.

L'art du relieur de livres, tel qu'il s'exerce aujourd'hui, ne doit son origine qu'à la découverte du papier et de l'imprimerie; car auparavant on ne faisait que rouler le parchemin et les feuilles ou écorces sur lesquels les livres étaient écrits.

Le relieur reçoit les livres en feuilles, c'est-à-dire tels qu'il sortent des presses des imprimeurs; mais il faut avoir attention de ne les lui livrer que lorsque l'impression est suffisamment séchée, car autrement ils maculent, c'est-à-dire qu'il se tachent par l'effet du marteau et de la presse.

Le premier travail qui se fait chez un relieur est le pliage, qui s'exécute ordinairement par des femmes. Il consiste à plier les feuilles de chaque livre suivant son format; la feuille du format qu'on appelle in-folio se plie en deux et contient quatre pages; celle de l'in-quarto se plie en quatre et contient huit pages; et ainsi successivement, jusqu'aux plus petits formats. Pour faire ce pliage avec plus de propreté et de facilité, on se sert du plioir, qui est une lame de buis ou d'ivoire arrondie par les extrémités, et amincies par les bords.

Ces feuilles, après avoir été pliées, forment autant de cahiers que l'on met les uns sur les autres dans le même ordre qu'ils doivent avoir dans le livre. Cet arrangement devient extrêmement facile par le moyen de numéros ou de lettres alphabétiques que les imprimeurs ont soin de mettre en bas de chaque feuille.

Sculpteur.

La sculpture est un art qui, par le moyen du dessin et de la matière solide, imite les objets palpables de la nature. Il est difficile et peu important de démêler l'époque de la nais-

Sculpteur.

Tisserand.

Usurier.

Verrier.

X. Y.

Z.

sance de ce bel art; elle se perd dans les siècles les plus reculés.

Les sculpteurs ont commencé à travailler sur la terre et sur la cire, qui sont des matières flexibles et plus aisées à traiter que le bois et la pierre. Bientôt on a fait des statues avec des arbres qui ne sont pas sujets à se corrompre ni à être endommagés par les vers, comme le citronnier, le cyprès, le palmier, l'olivier, l'ébène, etc. Enfin, les métaux, l'ivoire et les pierres les plus dures furent employées; le marbre surtout devint la matière la plus précieuse et la plus estimée pour les ouvrages de sculpture.

Tisserand.

Le tisserand est un artisan dont la profession est de faire de la toile ou toutes autres étoffes sur le métier avec la navette. Nous ne parlerons ici que de ceux qui fabriquent la toile.

On ne sait à qui on est redevable de l'invention de la toile; quelques-uns ont prétendu que l'idée en est venue par l'observation du travail de l'araignée, qui tire de sa propre substance des filets presque imperceptibles, dont elle forme avec ses pattes ce merveilleux tissu que l'on appelle vulgairement toile d'araignée, et qui lui sert comme de filet ou de piége pour prendre les mouches dont elle se nourrit. Mais sans s'arrêter à tous les raisonnements plus ou moins vraisemblables qu'on peut former à ce sujet, il y a lieu de penser que l'idée des tissus à chaîne et à trame a pu venir aux premiers hommes d'après l'inspection de l'écorce intérieure de certains arbres; on en connaît qui, à la rudesse et à la roideur près, ressemblent extrêmement à la toile : les fibres en sont arrangées l'une sur l'autre de travers, et croisées presque en angles droits.

Quoi qu'il en soit de son origine, son invention remonte à la plus haute antiquité; il est sûr qu'elle était en usage avant Abraham.

Usurier.

On appelle usurier celui qui prête à usure, c'est-à-dire à un intérêt trop élevé, et dont le profit est par conséquent illégitime. Les usuriers profitent ordinairement des malheurs d'autrui pour accroître leur fortune. La loi prononce des peines contre les usuriers. On ne peut point appeler usurier celui qui prête son argent à un intérêt légal, c'est-à-dire à un intérêt reconnu ou approuvé par les lois.

Verrier.

Le verrier est celui qui fabrique le verre et qui s'occupe à en faire différents ustensiles, ou le marchand qui en fait le commerce.

Le verre est une matière plus ou moins transparente, colorée ou sans couleur, brillante, fragile, lisse dans sa fracture, et qui est produite par la fusion des pierres ou terres vitrifiables, à l'aide des substances salines alcalines.

Cet art est un des plus beaux présents que la chimie ait fait aux hommes. Il nous fournit les vases les plus propres, les plus commodes, les plus agréables ; il nous procure les moyens de nous mettre à l'abri des injures de l'air, sans nous priver des charmes de la lumière ; la conservation d'une infinité de liqueurs précieuses lui est également due. C'est par son secours que nous remédions aux défauts de notre vue, ou que nous réparons les ravages que le nombre des années y produit. L'astronomie ne doit ses plus grands progrès qu'à l'art de la verrerie. L'usage des grandes lunettes a perfectionné la connaissance du ciel, et a fait découvrir de nouvelles étoiles, de nouveaux mondes entièrement inconnus à l'antiquité. Les lunettes sont également utiles pour la navigation, pour la guerre, et dans les cas où le salut consiste à pouvoir apercevoir les objets de fort loin.

Nous ne finirions pas si nous voulions faire l'énumération de tous les arts que celui-ci a fait naître ; tels sont les arts du lunetier, de l'émailleur.

X.

Cette lettre est la vingt-troisième de l'alphabet français. Elle a tantôt le son de CS joints ensemble, comme dans *Xantipe, extrême ;* tantôt de GS aussi joints ensemble, comme dans *exercice, Xavier ;* tantôt d'un C dur, comme dans *excepter ;* tantôt le son de S fort, comme dans *Auxerre, Bruxelles ;* tantôt celui de S ou du Z à demi, comme dans *deuxième, sixième,* etc.

Y.

On appelle cette lettre I *grec,* c'est la vingt-quatrième de l'alphabet français.

Dans certains mots on le considère comme caractère simple, c'est-à-dire comme un seul I, et dans d'autres mots comme caractère double, c'est-à-dire comme valant deux I ; dans les mots *hymen, hymne, physique*, il ne représente qu'un seul I, tandis qu'il tient la place de deux I dans les mots *employer, royal, appuyer*, que l'on prononce comme s'il y avait *emploi-ier, roi-ial, appui-ier*.

Z.

Le Z est une lettre consonne, la vingt-cinquième et dernière de l'alphabet.

TABLE
De Multiplication.

2 fois	2 font	4		5 fois	8 font	40
2 fois	3 font	6		5 fois	9 font	45
2 fois	4 font	8		5 fois	10 font	50
2 fois	5 font	10		5 fois	11 font	55
2 fois	6 font	12		5 fois	12 font	60
2 fois	7 font	14				
2 fois	8 font	16		6 fois	6 font	36
2 fois	9 font	18		6 fois	7 font	42
2 fois	10 font	20		6 fois	8 font	48
2 fois	11 font	22		6 fois	9 font	54
2 fois	12 font	24		6 fois	10 font	60
				6 fois	11 font	66
3 fois	3 font	9		6 fois	12 font	72
3 fois	4 font	12				
3 fois	5 font	15		7 fois	7 font	49
3 fois	6 font	18		7 fois	8 font	56
3 fois	7 font	21		7 fois	9 font	63
3 fois	8 font	24		7 fois	10 font	70
3 fois	9 font	27		7 fois	11 font	77
3 fois	10 font	30		7 fois	12 font	84
3 fois	11 font	33				
3 fois	12 font	36		8 fois	8 font	64
				8 fois	9 font	72
4 fois	4 font	16		8 fois	10 font	80
4 fois	5 font	20		8 fois	11 font	88
4 fois	6 font	24		8 fois	12 font	96
4 fois	7 font	28				
4 fois	8 font	32		9 fois	9 font	81
4 fois	9 font	36		9 fois	10 font	90
4 fois	10 font	40		9 fois	11 font	99
4 fois	11 font	44		9 fois	12 font	108
4 fois	12 font	48				
				10 fois	10 font	100
5 fois	5 font	25		10 fois	11 font	110
5 fois	6 font	30		10 fois	12 font	120
5 fois	7 font	35		11 fois	11 font	121
				11 fois	12 font	132
				12 fois	12 font	144

Imprimerie de W. REMQUET et Cie, rue Garancière, n. 5.

www.ingramcontent.com/pod-product-compliance
Lightning Source LLC
LaVergne TN
LVHW020108100426
835512LV00040B/2038